Impressum
Verlag: BABADADA GmbH, Nedderfeld 112 , 22529 Hamburg
Geschäftsführer / Verlagsleitung: Harald Hof
Druck: Books on Demand GmbH, In de Tarpen 42, 22848 Norderstedt

Imprint
Publisher: BABADADA GmbH, Nedderfeld 112 , 22529 Hamburg, Germany
Managing Director / Publishing direction: Harald Hof
Print: Books on Demand GmbH, In de Tarpen 42, 22848 Norderstedt, Germany

school
mokykla

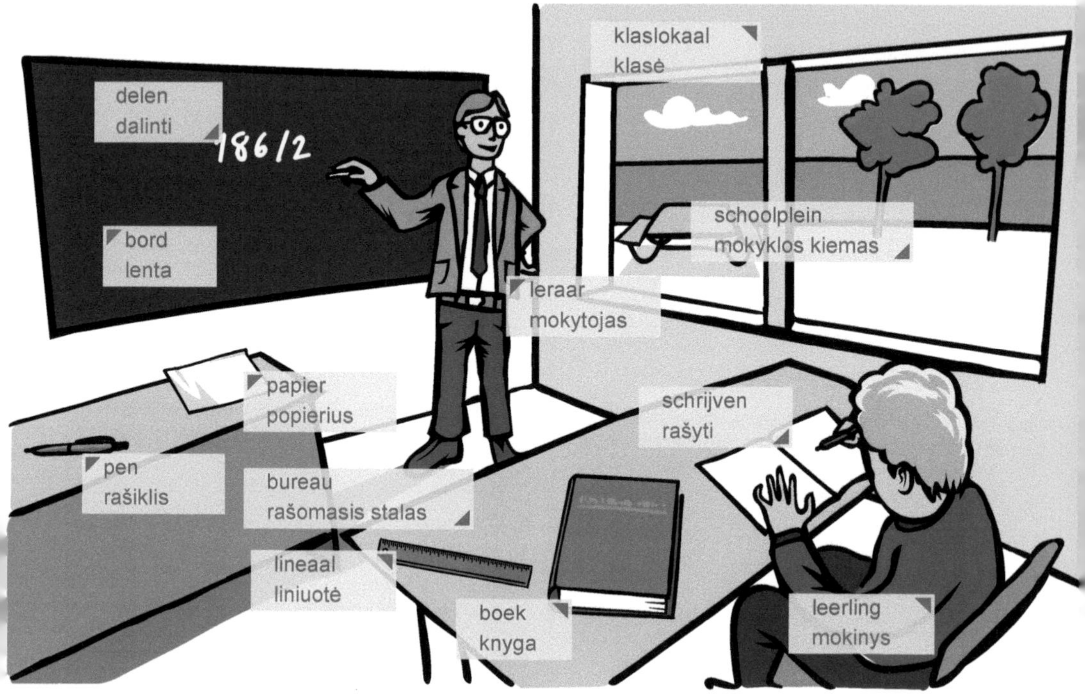

klaslokaal
klasė
delen
dalinti
186/2
bord
lenta
schoolplein
mokyklos kiemas
leraar
mokytojas
papier
popierius
schrijven
rašyti
pen
rašiklis
bureau
rašomasis stalas
lineaal
liniuotė
boek
knyga
leerling
mokinys

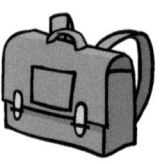

schooltas
kuprinė

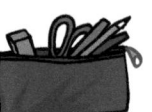

etui
penalas

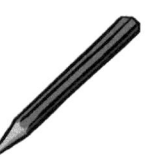

potlood
pieštukas

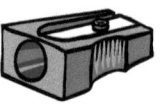

puntenslijper
drožtukas

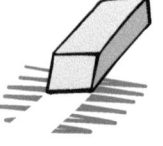

gum
trintukas

schetsblok
piešimo bloknotas

tekening

piešinys

penseel

teptukas

verfdoos

dažų dėžutė

schaar

žirklės

lijm

klijai

schrift

vadovėlis

huiswerk

namų darbai

12

getal

numeris

2+2

optellen

pridėti

5-2

aftrekken

atimti

2×2

vermenigvuldigen

dauginti

rekenen

skaičiuoti

A

letter

raidė

ABCDEFG
HIJKLMN
OPQRSTU
VWXYZ

alfabet

abėcėlė

woord

žodis

tekst

tekstas

lezen

skaityti

krijt

kreida

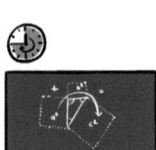

les

pamoka

klassenboek

dienynas

examen

egzaminas

diploma

pažymėjimas

schooluniform

mokyklinė uniforma

opleiding

išsilavinimas

encyclopedie

enciklopedija

universiteit

universitetas

microscoop

mikroskopas

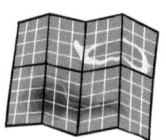

kaart

žemėlapis

prullenmand

šiukšliadėžė

reis

kelionė

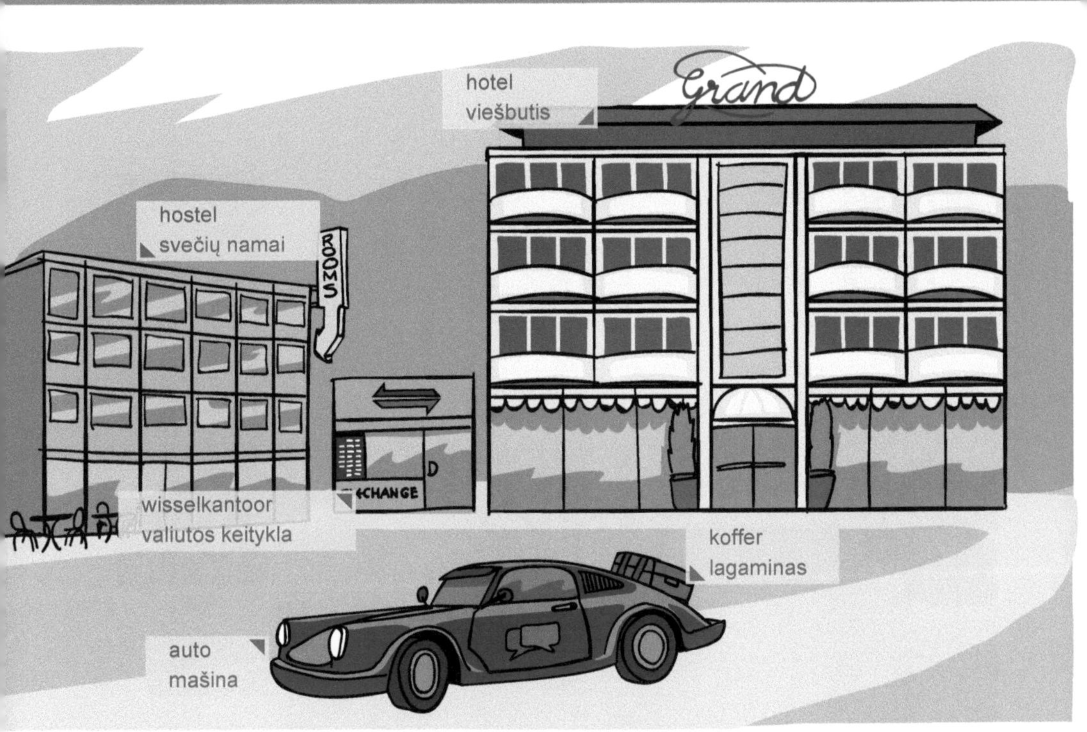
hotel
viešbutis
Grand
hostel
svečių namai
ROOMS
EXCHANGE
wisselkantoor
valiutos keitykla
koffer
lagaminas
auto
mašina

taal
....
kalba

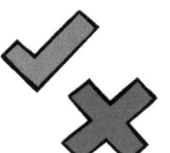

ja / nee
....
taip / ne

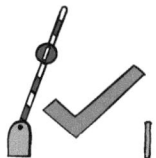

oké
....
Gerai

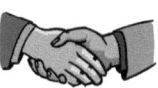

Hallo!
....
sveiki

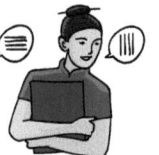

tolk
....
vertėjas raštu

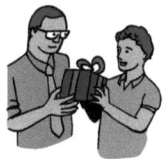

Bedankt.
....
Ačiū

Wat kost ...?

kiek kainuoja...?

Ik begrijp het niet.

aš nesuprantu

probleem

problema

Goedenavond!

Labas vakaras!

Goedemorgen!

Labas rytas!

Goedenacht!

Labos nakties!

Tot ziens!

viso gero

richting

kryptis

bagage

bagažas

tas

krepšys

rugzak

kuprinė

gast

svečias

kamer

kambarys

slaapzak

miegmaišis

tent

palapinė

reis - kelionė

VVV-kantoor

turizmo informacija

strand

paplūdimys

creditkaart

kreditinė kortelė

ontbijt

pusryčiai

lunch

pietūs

diner

vakarienė

kaartje

bilietas

lift

liftas

postzegel

pašto ženklas

grens

siena

douane

muitinė

ambassade

ambasada

visum

viza

paspoort

pasas

reis - kelionė

7

transport
transportas

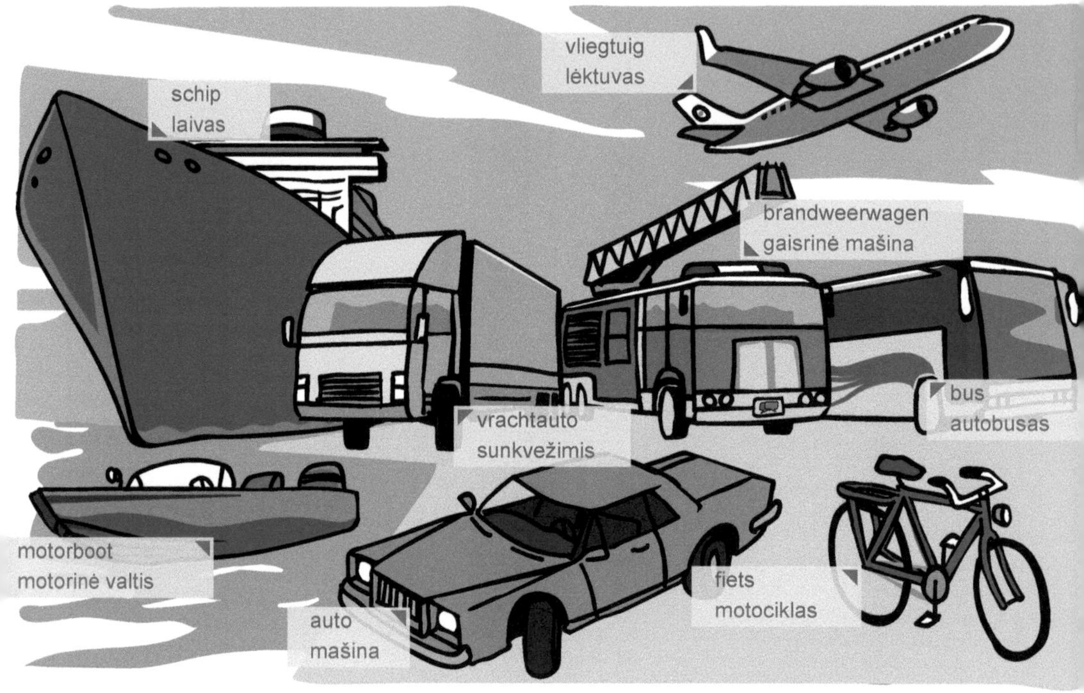

vliegtuig
lėktuvas
schip
laivas
brandweerwagen
gaisrinė mašina
bus
autobusas
vrachtauto
sunkvežimis
motorboot
motorinė valtis
fiets
motociklas
auto
mašina

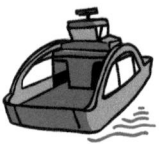

veerboot

keltas

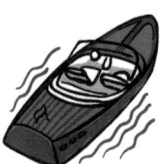

boot

valtis

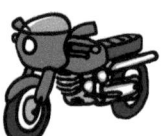

motorfiets

mopedas

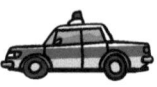

politiewagen

policijos automobilis

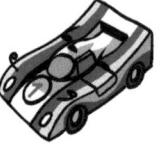

raceauto

lenktyninis automobilis

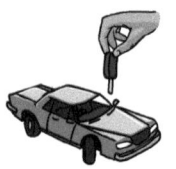

huurauto

nuomojamas automobilis

carsharing

bendras automobilio
naudojimas

takelwagen

techninės pagalbos
automobilis

vuilniswagen

šiukšliavežė

motor

variklis

benzine

degalai

benzinepomp

degalinė

verkeersbord

kelio ženklas

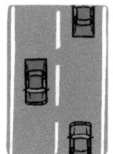

verkeer

eismas

file

eismo spūstis

parkeerplaats

mašinų stovėjimo aikštelė

station

traukinių stotis

rails

bėgiai

trein

traukinys

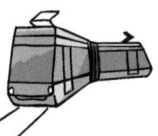

tram

tramvajus

wagon

vagonas

helikopter

sraigtasparnis

luchthaven

oro uostas

toren

bokštas

passagier

keleivis

container

konteineris

verhuisdoos

dėžė

kar

vežimėlis

mand

krepšys

opstijgen / landen

pakilti / nusileisti

stad

miestas

dorp

kaimas

stadscentrum

miesto centras

huis

namas

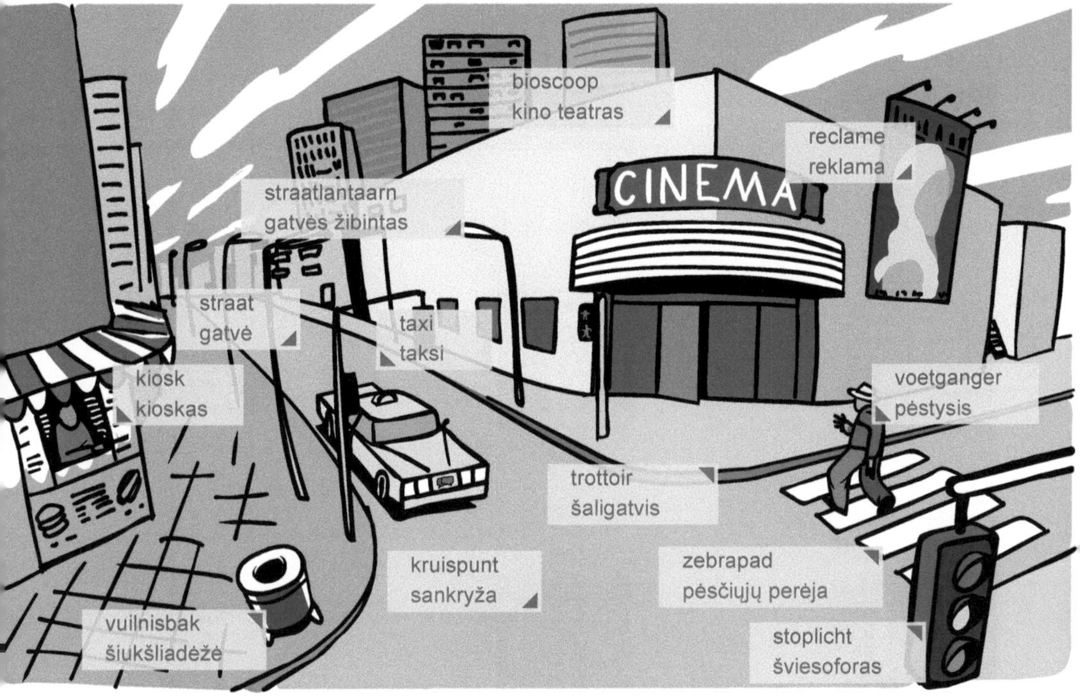

bioscoop / kino teatras

reclame / reklama

straatlantaarn / gatvės žibintas

straat / gatvė

taxi / taksi

kiosk / kioskas

voetganger / pėstysis

trottoir / šaligatvis

kruispunt / sankryža

zebrapad / pėsčiųjų perėja

vuilnisbak / šiukšliadėžė

stoplicht / šviesoforas

CINEMA

hut

trobelė

appartement

butas

station

traukinių stotis

stadhuis

rotušė

museum

muziejus

school

mokykla

universiteit

universitetas

bank

bankas

ziekenhuis

ligoninė

hotel

viešbutis

apotheek

vaistinė

kantoor

biuras

boekenwinkel

knygynas

winkel

parduotuvė

bloemenwinkel

gėlių parduotuvė

supermarkt

prekybos centras

markt

turgus

warenhuis

universalinė parduotuvė

visboer

žuvies parduotuvė

winkelcentrum

prekybos centras

haven

uostas

park

parkas

bank

suoliukas

brug

tiltas

trap

laiptai

metro

metro

tunnel

tunelis

bushalte

autobusų stotelė

bar

baras

restaurant

restoranas

brievenbus

lauko pašto dėžutė

straatnaambord

kelio ženklas

parkeermeter

parkomatas

dierentuin

zoologijos sodas

zwembad

baseinas

moskee

mečetė

boerderij
ūkininko ūkis

vervuiling
tarša

begraafplaats
kapinės

kerk
bažnyčia

speelplaats
žaidimų aikštelė

tempel
šventykla

landschap
kraštovaizdis

blad
lapas

wegwijzer
kelio rodyklė

weg
kelias

weide
pieva

steen
akmuo

boom
medis

wandelaar
ėjikas

rivier
upė

gras
žolė

bloem
gėlė

vallei

slėnis

berg

kalva

meer

ežeras

bos

miškas

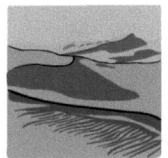

woestijn

dykuma

vulkaan

ugnikalnis

kasteel

pilis

regenboog

vaivorykštė

paddenstoel

grybas

palmboom

palmė

mug

uodas

vlieg

musė

mier

skruzdėlė

bij

bitė

spin

voras

kever

vabalas

kikker

varlė

eekhoorn

voverė

egel

ežys

haas

kiškis

uil

pelėda

vogel

paukštis

zwaan

gulbė

wild zwijn

šernas

hert

elnias

eland

briedis

stuwdam

užtvanka

windmolen

vėjo jėgainė

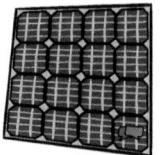

zonnepaneel

saulės baterija

klimaat

klimatas

restaurant
restoranas

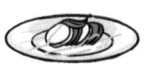

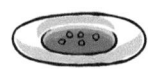

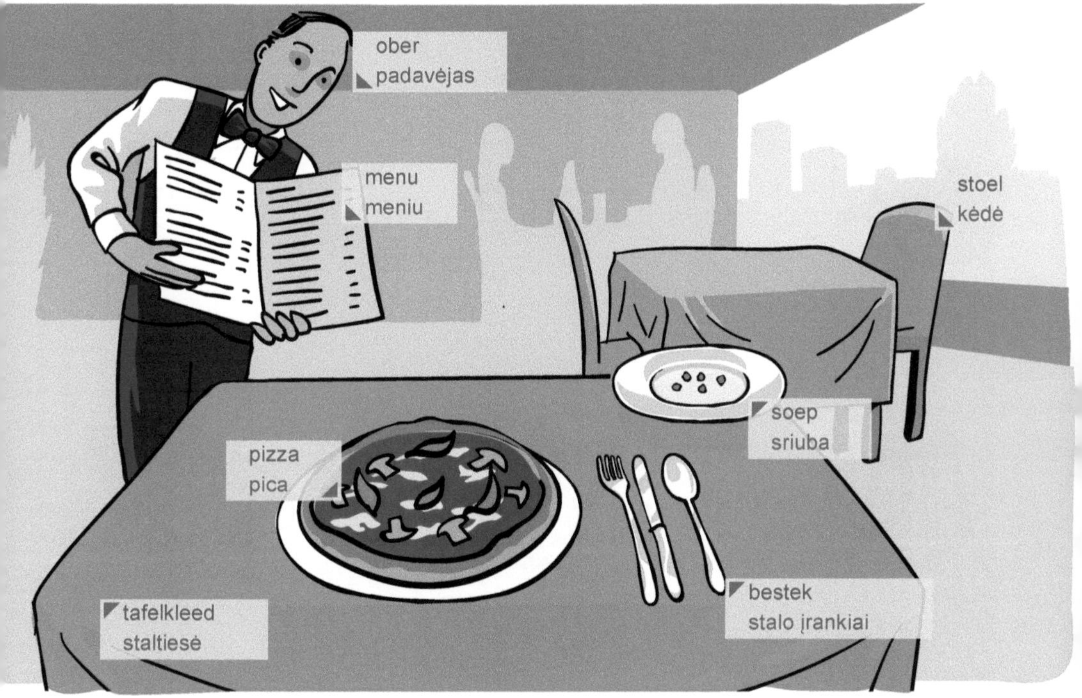
ober
padavėjas
menu
meniu
stoel
kėdė
soep
sriuba
pizza
pica
bestek
stalo įrankiai
tafelkleed
staltiesė

voorgerecht

užkandis

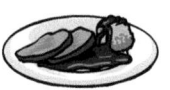

hoofdgerecht

pagrindinis patiekalas

toetje

desertas

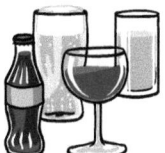

dranken

gėrimai

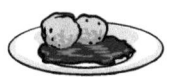

eten

maistas

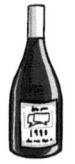

fles

butelis

fastfood

greitai pateikiamas maistas

eetkraampje

gatvės maistas

theepot

arbatinukas

suikerpot

cukrinė

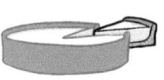

portie

porcija

espressomachine

espreso aparatas

kinderstoel

aukšta kėdė

rekening

sąskaita

dienblad

padėklas

mes

peilis

vork

šakutė

lepel

šaukštas

theelepel

arbatinis šaukštelis

servet

servetėlė

glas

stiklinė

18   restaurant - restoranas

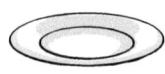

bord

lėkštė

soepbord

sriubos lėkštė

schotel

padėklas

saus

padažas

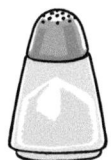

zoutvaatje

druskinė

pepermolen

pipirų malūnėlis

azijn

actas

olie

aliejus

kruiden

prieskoniai

ketchup

kečupas

mosterd

garstyčios

mayonaise

majonezas

supermarkt
prekybos centras

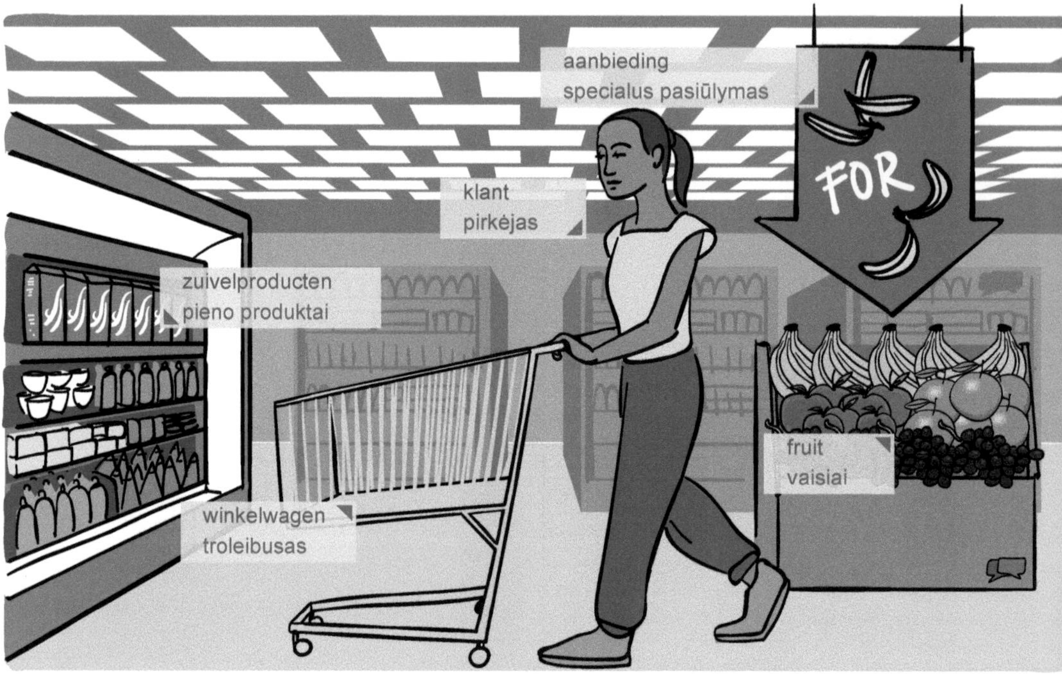

aanbieding
specialus pasiūlymas
klant
pirkėjas
FOR
zuivelproducten
pieno produktai
fruit
vaisiai
winkelwagen
troleibusas

BUTCHERS

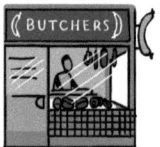

slager

mėsos parduotuvė

BAKERY

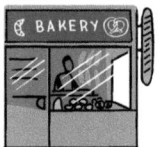

bakkerij

kepykla

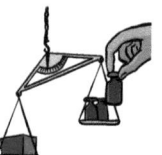

wegen

sverti

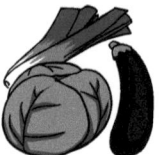

groente

daržovės

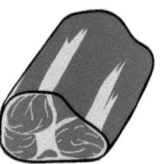

vlees

mėsa

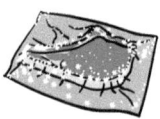

diepvriesproducten

šaldytas maistas

vleeswaren

šalti mėsos užkandžiai

conserven

konservai

wasmiddel

skalbimo milteliai

snoepgoed

saldumynai

huishoudelijke artikelen

ūkinės prekės

schoonmaakmiddel

valymo priemonės

verkoopster

pardavėja

kassa

kasos aparatas

kassier

kasininkas

boodschappenlijstje

pirkinių sąrašas

openingstijden

darbo valandos

portefeuille

piniginė

creditkaart

kreditinė kortelė

tas

maišelis

plastic zak

plastikinis maišelis

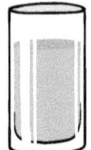

water

vanduo

sap

sultys

melk

pienas

cola

kola

wijn

vynas

bier

alus

alcohol

alkoholis

chocolademelk

kakava

thee

arbata

koffie

kava

espresso

espresas

cappuccino

kapučinas

banaan

bananas

appel

obuolys

sinaasappel

apelsinas

watermeloen

arbūzas

citroen

citrina

wortel

morka

knoflook

česnakas

bamboe

bambukas

ui

svogūnas

paddenstoel

grybas

noten

riešutai

pasta

makaronai

spaghetti

spagečiai

rijst

ryžiai

salade

salotos

friet

traškučiai

gebakken aardappelen

keptos bulvės

pizza

pica

hamburger

mėsainis

sandwich

sumuštinis

schnitzel

pjausnys

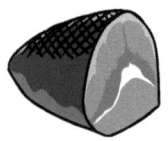

ham

kumpis

salami

saliamis

worst

dešrelė

kip

vištiena

gebraad

kepsnys

vis

žuvis

havermout
avižų dribsniai

muesli
dribsniai su priedais

cornflakes
kukurūzų dribsniai

meel
miltai

croissant
prancūziškasis ragelis

broodjes
bandelė

brood
duona

toast
skrebutis

koekjes
sausainiai

boter
sviestas

kwark
varškė

taart
tortas

ei
kiaušinis

gebakken ei
kiaušinienė

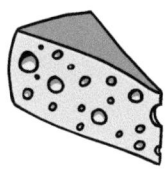

kaas
sūris

ijs

ledai

suiker

cukrus

honing

medus

jam

uogienė

chocoladepasta

tepamas šokoladas

kerrie

karis

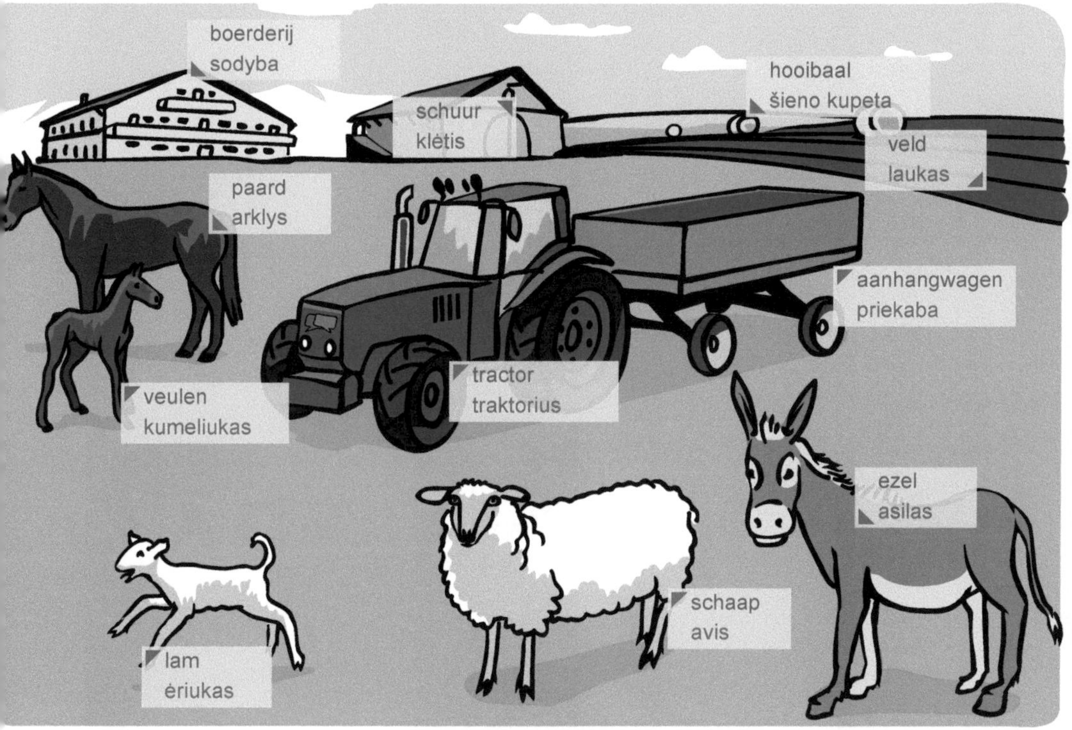

boerderij
sodyba

schuur
klėtis

hooibaal
šieno kupeta

veld
laukas

paard
arklys

aanhangwagen
priekaba

veulen
kumeliukas

tractor
traktorius

ezel
asilas

lam
ėriukas

schaap
avis

geit
....
ožys

koe
....
karvė

kalf
....
veršis

varken
....
kiaulė

big
....
paršelis

stier
....
bulius

gans
žąsis

eend
antis

kuiken
viščiukas

kip
višta

haan
gaidys

rat
žiurkė

kat
katė

muis
pelė

os
jautis

hond
šuo

hondenhok
šuns būda

tuinslang
sodo namas

gieter
laistytuvas

zeis
dalgis

ploeg
plūgas

sikkel

pjautuvas

schoffel

kauptukas

hooivork

šakės

bijl

kirvis

kruiwagen

statinė

trog

lovys

melkbus

bidonas

zak

maišas

hek

tvora

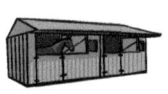

stal

arklidė

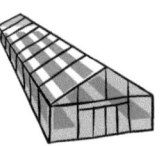

broeikas

šiltnamis

grond

dirva

zaad

sėkla

mest

trąšos

maaidorser

kombainas

oogsten

rinkti

oogst

derlius

yam

saldžiosios bulvės

tarwe

kviečiai

soja

soja

aardappel

bulvė

maïs

kukurūzai

koolzaad

rapsai

fruitboom

vaismedis

maniok

manijokas

granen

grūdai

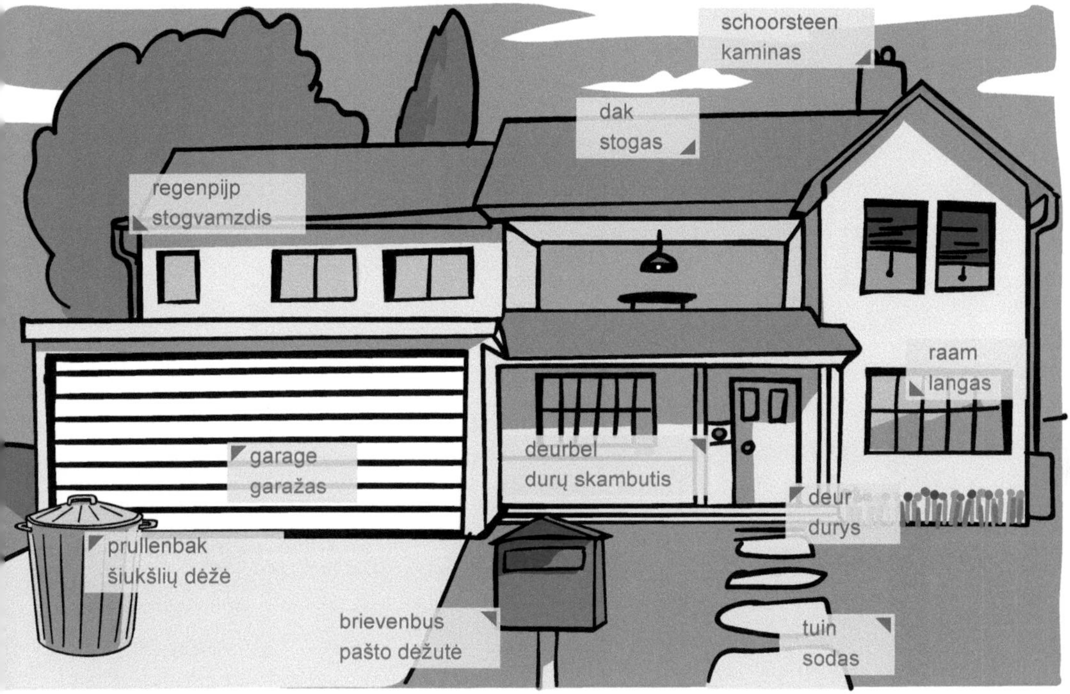

schoorsteen
kaminas

dak
stogas

regenpijp
stogvamzdis

raam
langas

garage
garažas

deurbel
durų skambutis

deur
durys

prullenbak
šiukšlių dėžė

brievenbus
pašto dėžutė

tuin
sodas

woonkamer
svetainė

badkamer
vonios kambarys

keuken
virtuvė

slaapkamer
miegamasis

kinderkamer
vaiko kambarys

eetkamer
valgomasis

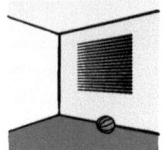

vloer

grindys

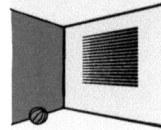

muur

siena

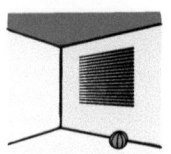

plafond

lubos

kelder

rūsys

sauna

sauna

balkon

balkonas

terras

terasa

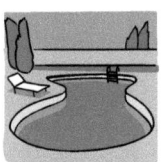

zwembad

baseinas

grasmaaier

žoliapjovė

laken

paklodė

bedsprei

lovatiesė

bed

lova

bezem

šluota

emmer

kibiras

schakelaar

jungiklis

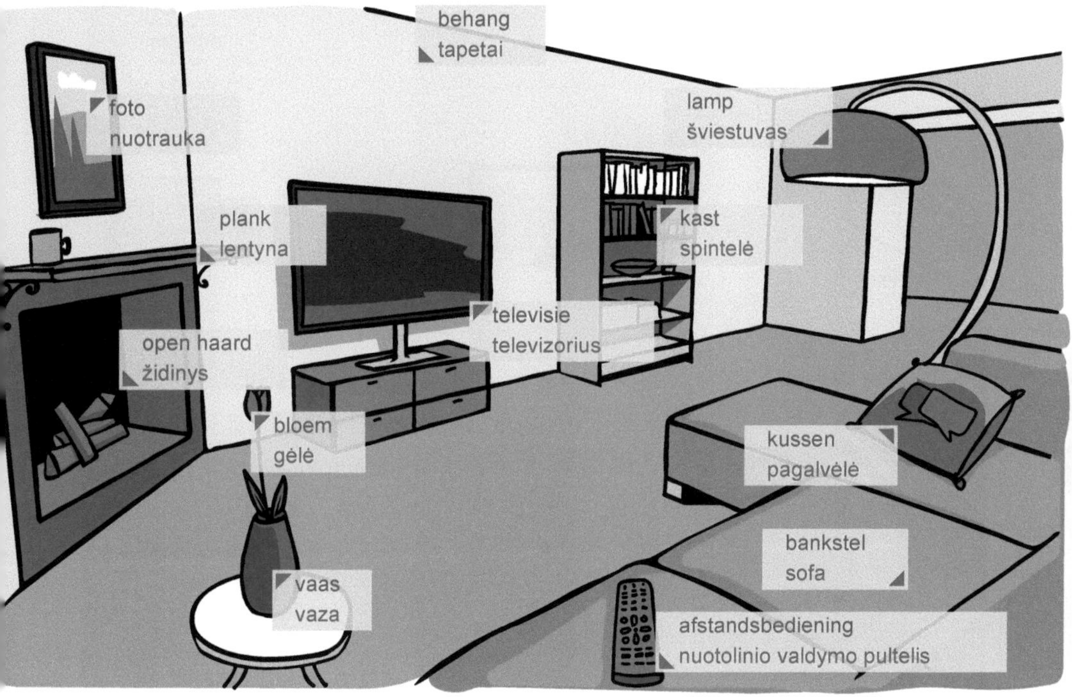

behang
tapetai

foto
nuotrauka

lamp
šviestuvas

plank
lentyna

kast
spintelė

open haard
židinys

televisie
televizorius

bloem
gėlė

kussen
pagalvėlė

bankstel
sofa

vaas
vaza

afstandsbediening
nuotolinio valdymo pultelis

tapijt
·················
kilimas

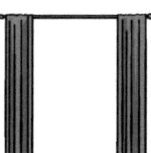

gordijn
·················
užuolaida

tafel
·················
stalas

stoel
·················
kėdė

schommelstoel
·················
supamasis krėslas

stoel
·················
fotelis

boek

knyga

deken

antklodė

decoratie

papuošimai

brandhout

malkos

film

filmas

stereo-installatie

stereo aparatūra

sleutel

raktas

krant

laikraštis

schilderij

paveikslas

poster

plakatas

radio

radijas

kladblok

užrašų knygelė

stofzuiger

dulkių siurblys

cactus

kaktusas

kaars

žvakė

keuken
virtuvė

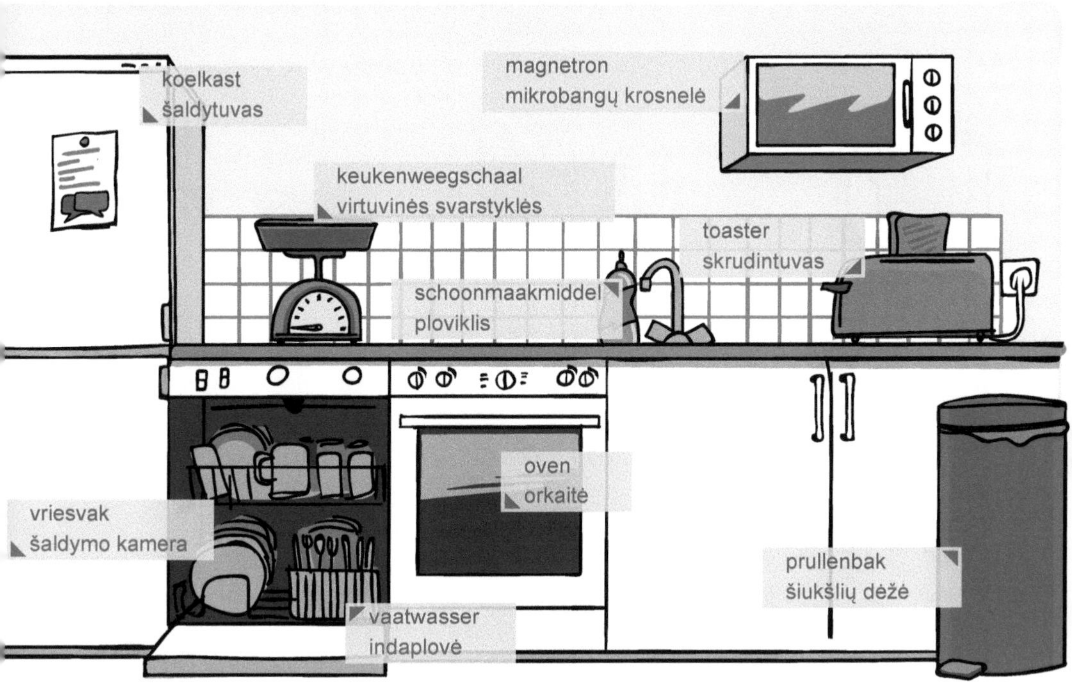

koelkast
šaldytuvas
magnetron
mikrobangų krosnelė
keukenweegschaal
virtuvinės svarstyklės
toaster
skrudintuvas
schoonmaakmiddel
ploviklis
oven
orkaitė
vriesvak
šaldymo kamera
prullenbak
šiukšlių dėžė
vaatwasser
indaplovė

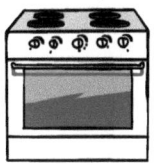

fornuis
viryklė

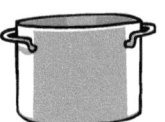

pan
puodas

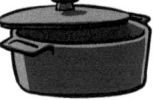

gietijzeren pan
ketaus puodas

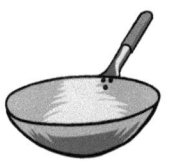

wok / kadai
„wok“ keptuvė

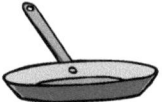

koekenpan
keptuvė

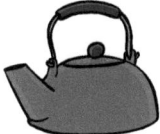

ketel
virdulys

stoomkoker

garų puodas

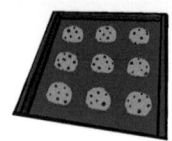

bakplaat

kepimo skarda

servies

porceliano indai

beker

puodelis

kom

dubuo

eetstokjes

valgomosios lazdelės

soeplepel

samtis

spatel

mentelė

garde

plaktuvas

vergiet

koštuvas

zeef

sietas

rasp

trintuvė

vijzel

grūstuvė

barbecue

kepsninė

vuurhaard

atvira liepsna

snijplank

pjaustymo lentelė

deegroller

kočėlas

kurkentrekker

kamščiatraukis

blik

skardinė

blikopener

skardinių atidarytuvas

pannenlap

puodkėlė

wasbak

kriauklė

borstel

šepetys

spons

kempinė

blender

trintuvas

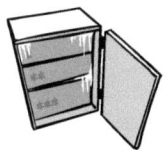

vriezer

šaldiklis

babyflesje

kūdikių buteliukas

kraan

čiaupas

badkamer
vonios kambarys

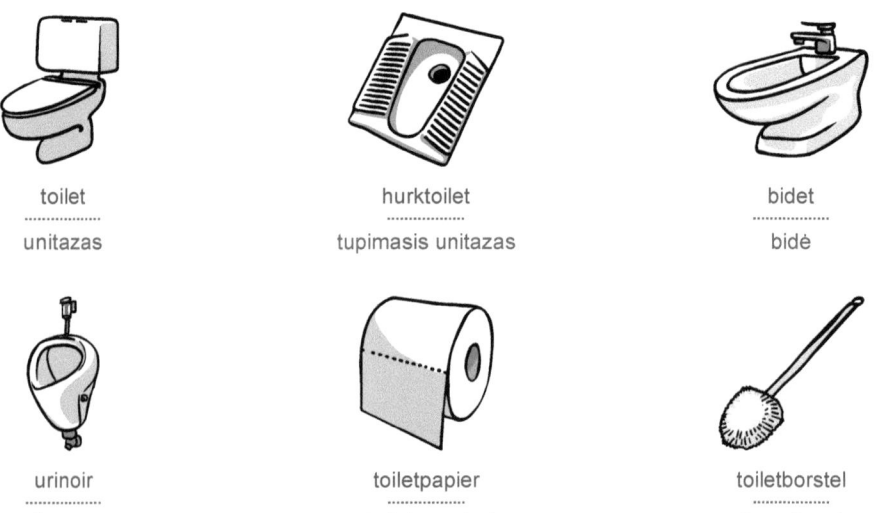

verwarming
šildymas
handdoek
rankšluostis
douche
dušas
douchegordijn
dušo užuolaidos
bubbelbad
vonios putos
bad
vonia
glas
stiklinė
wasmachine
skalbimo mašina
kraan
čiaupas
tegels
plytelės
potje
naktinis puodukas
wasbak
kriauklė

toilet

unitazas

hurktoilet

tupimasis unitazas

bidet

bidė

urinoir

pisuaras

toiletpapier

tualetinis popierius

toiletborstel

unitazo šepetys

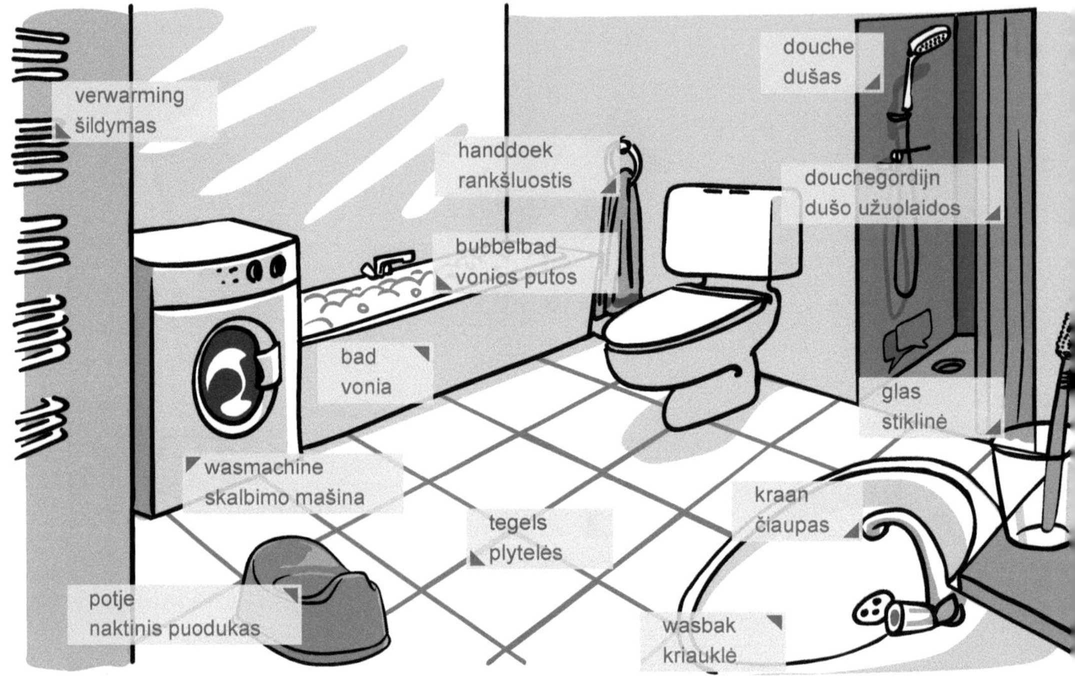

tandenborstel

dantų šepetėlis

tandpasta

dantų pasta

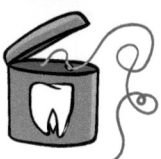

flosdraad

dantų siūlas

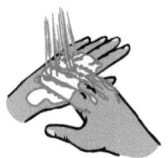

wassen

plauti

handdouche

dušo galvutė

toiletdouche

higieninis dušas

waskom

praustuvas

rugborstel

nugaros plaušinė

zeep

muilas

douchegel

dušo želė

shampoo

šampūnas

washanje

plaušinė

afvoer

kanalizacija

creme

kremas

deodorant

dezodorantas

spiegel

veidrodis

make-upspiegel

veidrodėlis

scheermes

skustuvas

scheerschuim

skutimosi putos

aftershave

losjonas po skutimosi

kam

šukos

borstel

šepetys

haardroger

plaukų džiovintuvas

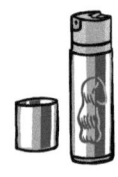

haarspray

plaukų lakas

make-up

makiažas

lippenstift

lūpdažis

nagellak

nagų lakas

watten

vata

nagelschaartje

žirklutės nagams

parfum

kvepalai

toilettas

maišelis skalbiniams

kruk

taburetė

weegschaal

svarstyklės

badjas

chalatas

rubber handschoenen

guminės pirštinės

tampon

tamponas

maandverband

higieninis įklotas

chemisch toilet

biotualetas

kinderkamer
vaiko kambarys

wekker
žadintuvas
knuffeldier
pliušinis žaislas
speelgoedauto
žaislinė mašinėlė
rammelaar
barškutis
poppenhuis
lėlės namelis
cadeau
dovana

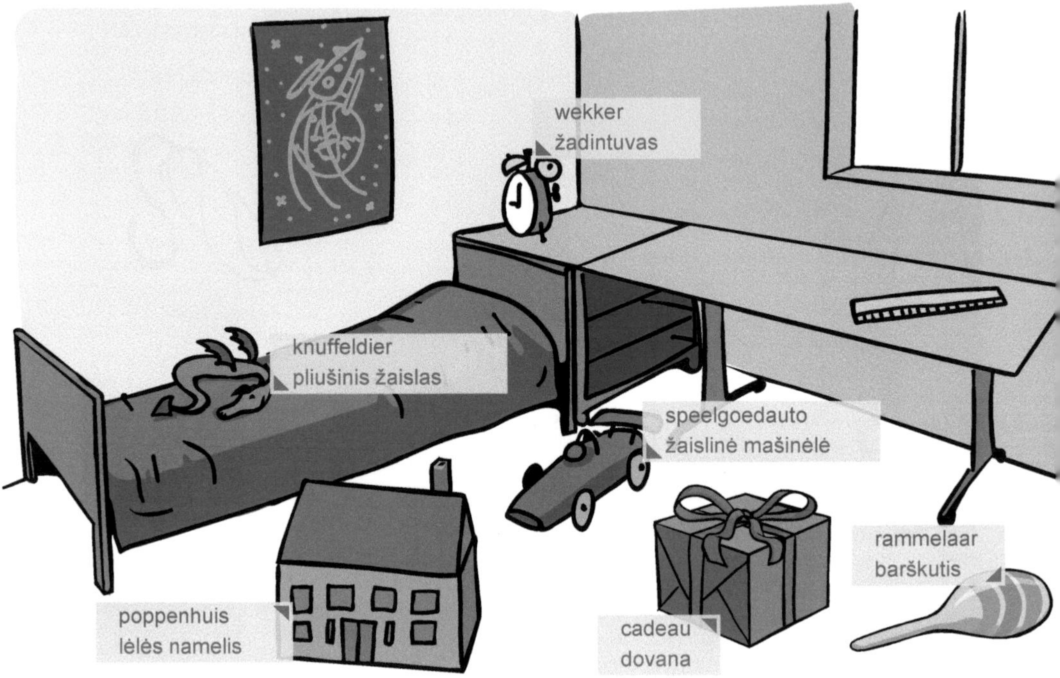

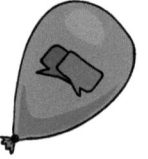

ballon

balionas

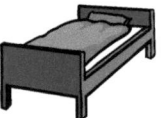

bed

lova

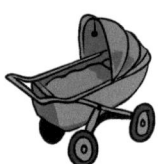

kinderwagen

vaikiškas vežimėlis

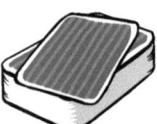

kaartspel

kortų malka

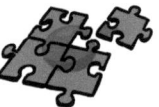

puzzel

delionė

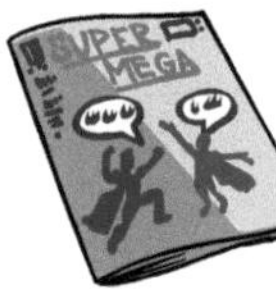

stripverhaal

komiksai

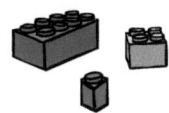

legostenen

lego kaladėlės

speelgoedblokken

žaislinės kaladėlės

actiefiguurtje

figūrėlė

romper

šliaužtinukai

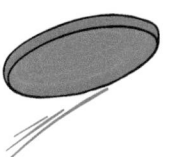

frisbee

mėtymo lėkštė

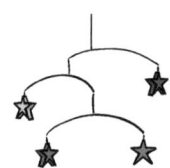

mobile

karuselė

bordspel

stalo žaidimas

dobbelsteen

kauliukai

modeltrein

žaislinis traukinys

speen

žindukas

feestje

vakarėlis

prentenboek

paveiksliukų knygelė

bal

kamuolys

pop

lėlė

spelen

žaisti

zandbak

smėlio dėžė

schommel

sūpynės

speelgoed

žaislai

spelcomputer

žaidimų konsolė

driewieler

triratukas

teddybeer

meškiukas

kleerkast

drabužių spinta

kleding

drabužis

sokken

kojinės

kousen

kojinės virš kelių

panty

pėdkelnės

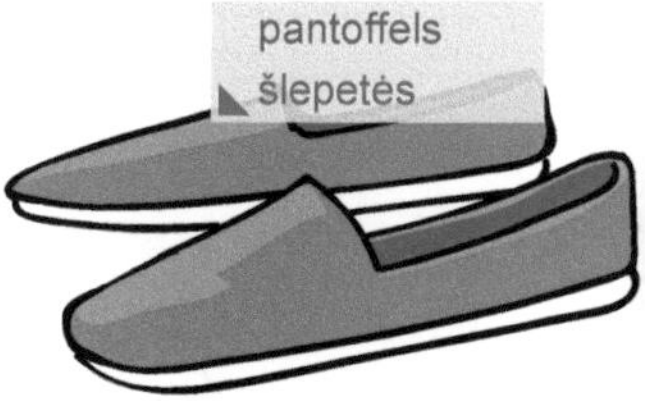

sjaal
šalikas

paraplu
skėtis

T-shirt
marškinėliai

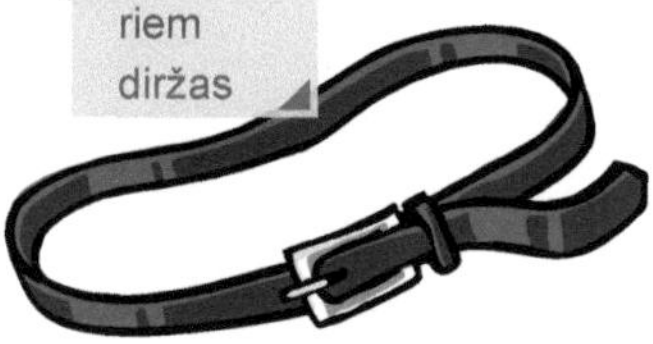

riem
diržas

laarzen
ilgauliai batai

pantoffels
šlepetės

sportschoenen
sportbačiai

sandalen
....
sandalai

schoenen
....
batai

rubberlaarzen
....
guminiai batai

onderbroek
....
trumpikės

beha
....
liemenėlė

onderhemd
....
liemenė

body

glaustinukė

broek

kelnės

spijkerbroek

džinsai

rok

sijonas

blouse

palaidinė

overhemd

marškiniai

trui

megztinis

hoody

megztinis su gobtuvu

blazer

švarkelis

jas

švarkas

mantel

paltas

regenjas

lietpaltis

kostuum

kostiumas

jurk

suknelė

trouwjurk

vestuvinė suknelė

pak

kostiumas

nachthemd

naktiniai marškiniai

pyjama

pižama

sari

saris

hoofddoek

skarelė

tulband

tiurbanas

boerka

burka

kaftan

kaftanas

abaja

abaja

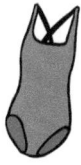

zwempak

maudymosi kostiumėlis

zwembroek

glaudės

korte broek

šortai

trainingspak

sportinis kostiumas

schort

prijuostė

handschoenen

pirštinės

knoop

saga

bril

akiniai

armband

apyrankė

ketting

vėrinys

ring

žiedas

oorbel

auskaras

pet

kepurė

kledinghanger

pakabas

hoed

skrybėlė

stropdas

kaklaraištis

rits

užtrauktukas

helm

šalmas

bretels

breketai

schooluniform

mokyklinė uniforma

uniform

uniforma

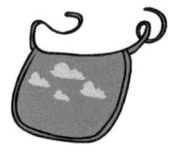

slabbetje

seilinukas

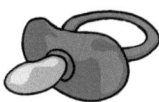

speen

žindukas

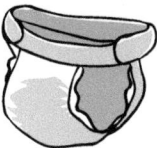

luier

vystyklai

kantoor
biuras

server
serveris
archiefkast
dokumentų spinta
printer
spausdintuvas
papier
popierius
beeldscherm
vaizduoklis
muis
pelė
bureau
rašomasis stalas
map
aplankas
toetsenbord
klaviatūra
prullenmand
šiukšliadėžė
computer
kompiuteris
stoel
kėdė

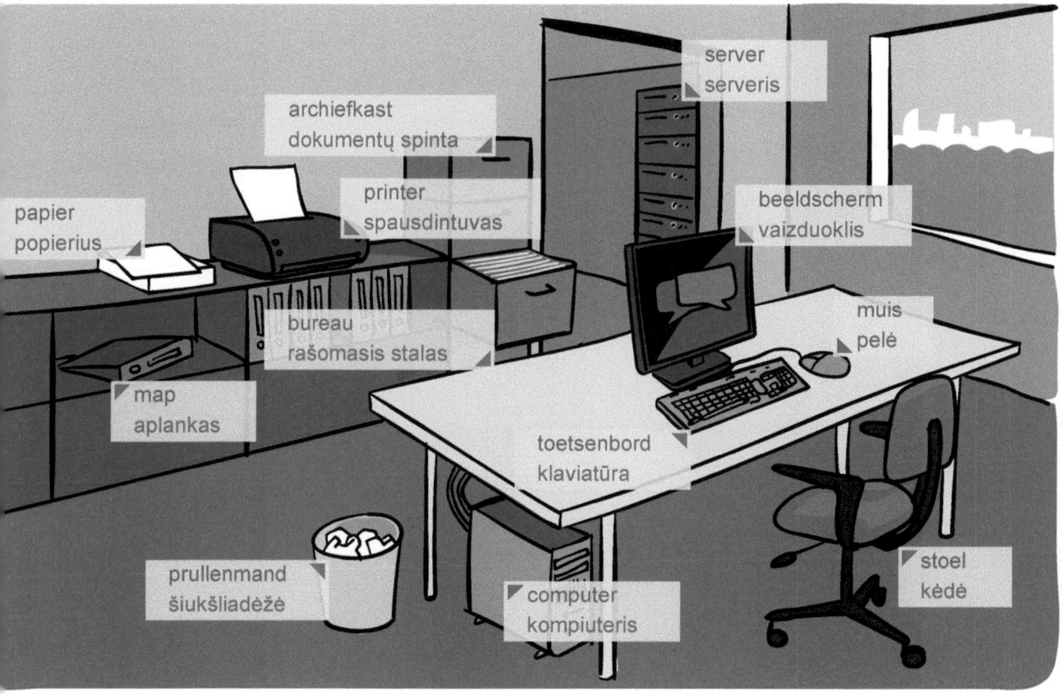

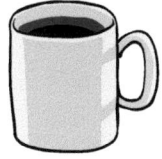

koffiemok

kavos puodelis

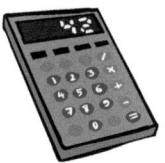

rekenmachine

kalkuliatorius

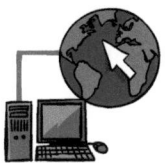

internet

internetas

laptop

nešiojamasis kompiuteris

brief

laiškas

bericht

žinutė

mobiele telefoon

mobilusis telefonas

netwerk

tinklas

kopieermachine

fotokopijavimo aparatas

software

programinė įranga

telefoon

telefonas

stopcontact

kištukinis lizdas

fax

faksas

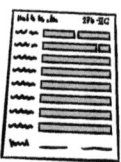

formulier

forma

document

dokumentas

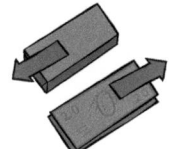

kopen

pirkti

betalen

mokėti

handel drijven

prekiauti

geld

pinigai

dollar

doleris

euro

euras

yen

jena

roebel

rublis

Zwitserse frank

Šveicarijos frankas

renminbi yuan

juanis

roepie

rupija

geldautomaat

bankomatas

wisselkantoor

valiutos keitykla

goud

auksas

zilver

sidabras

olie

nafta

energie

energija

prijs

kaina

contract

sutartis

belasting

mokestis

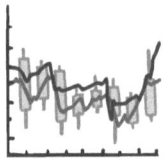

aandeel

akcijos

werken

dirbti

werknemer

darbuotojas

werkgever

darbdavys

fabriek

gamykla

winkel

parduotuvė

beroepen
profesijos

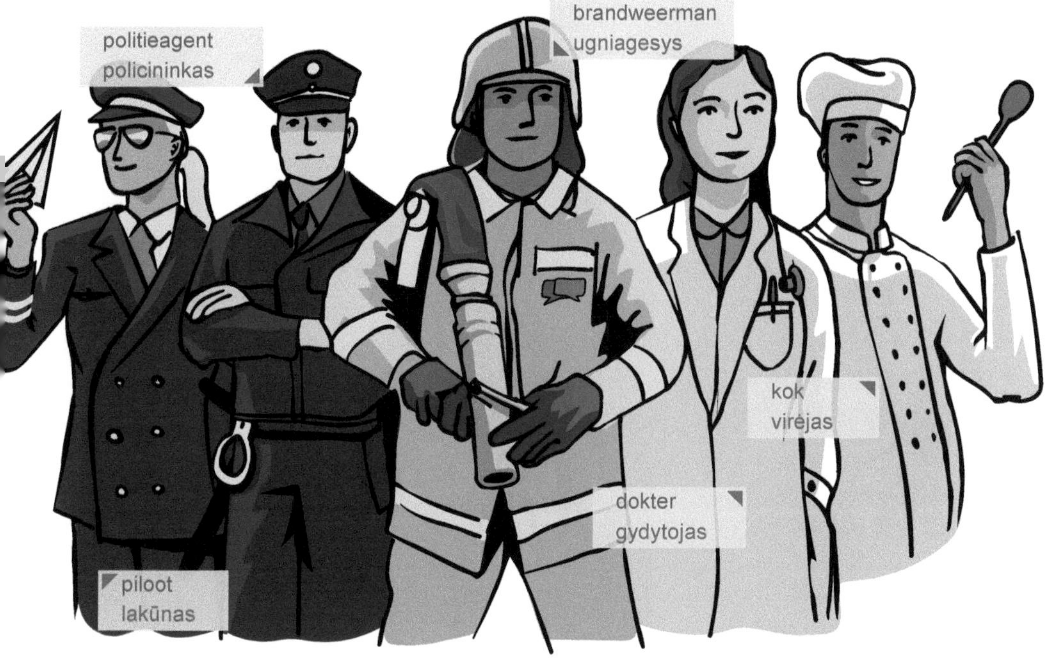

politieagent
policininkas
brandweerman
ugniagesys
kok
virėjas
dokter
gydytojas
piloot
lakūnas

tuinman
sodininkas

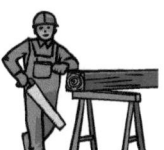

timmerman
stalius

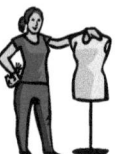

naaister
siuvėja

rechter
teisėjas

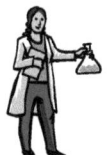

scheikundige
chemikas

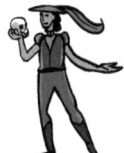

toneelspeler
aktorius

buschauffeur

autobuso vairuotojas

taxichauffeur

taksi vairuotojas

visser

žvejys

schoonmaakster

valytoja

dakdekker

stogdengys

ober

padavėjas

jager

medžiotojas

schilder

dailininkas

bakker

kepėjas

elektricien

elektrikas

bouwvakker

statybininkas

ingenieur

inžinierius

slager

mėsininkas

loodgieter

santechnikas

postbode

paštininkas

soldaat
kareivis

architect
architektas

kassier
kasininkas

bloemist
gėlininkas

kapper
kirpėjas

conducteur
konduktorius

monteur
mechanikas

kapitein
kapitonas

tandarts
odontologas

wetenschapper
mokslininkas

rabbi
rabinas

imam
imamas

monnik
vienuolis

pastoor
kunigas

gereedschap
įrankiai

hamer
plaktukas
tang
replės
schroevendraaier
atsuktuvas
moersleutel
raktas
zaklamp
suvirinimo apar

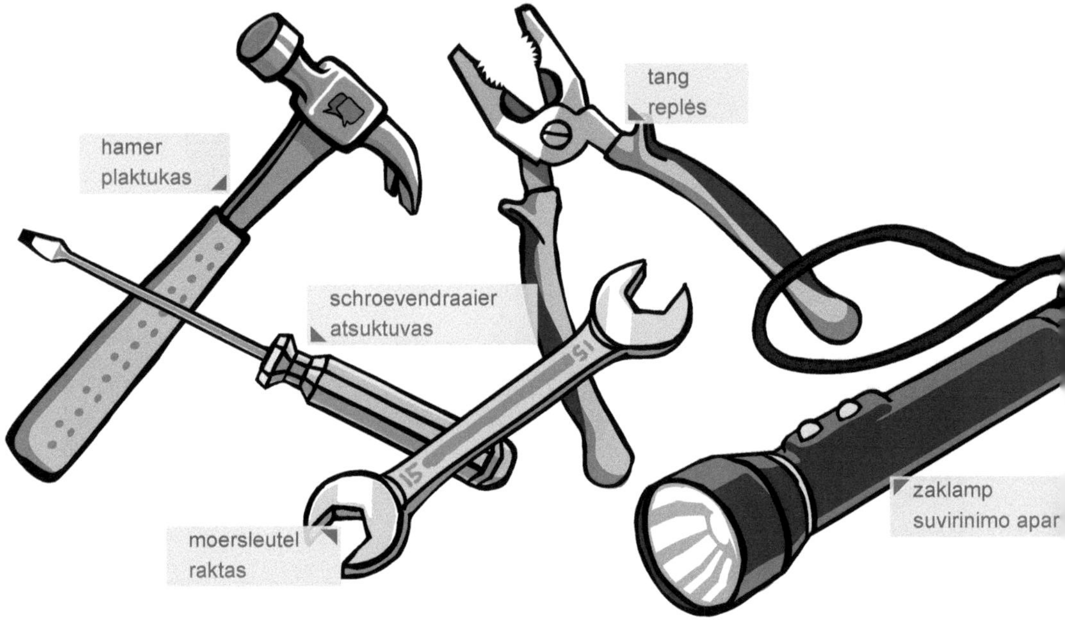

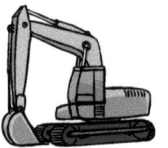

graafmachine

ekskavatorius

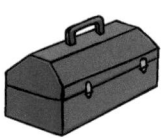

gereedschapskist

įrankių dėžė

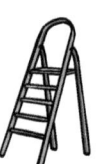

ladder

kopėčios

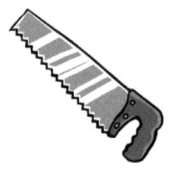

zaag

pjūklas

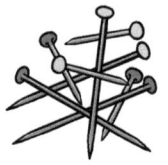

spijkers

vinys

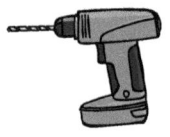

boor

grąžtas

repareren

taisyti

schep

kastuvas

Verdorie!

Velniava!

stofblik

semtuvėlis

verfpot

dažų skardinė

schroeven

varžtai

muziekinstrumenten
muzikos instrumentai

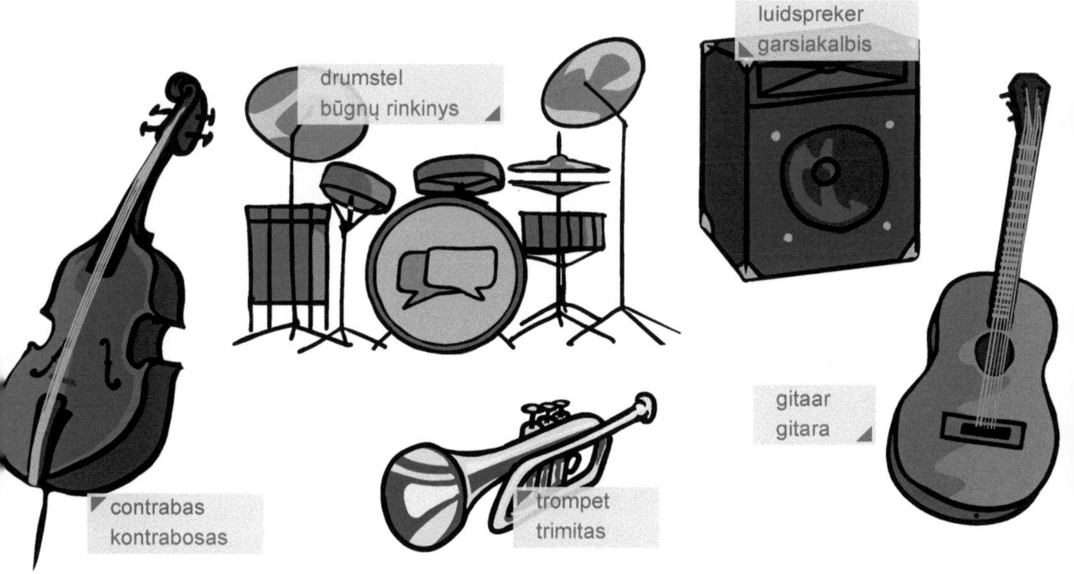

luidspreker
garsiakalbis

drumstel
būgnų rinkinys

gitaar
gitara

contrabas
kontrabosas

trompet
trimitas

piano

pianinas

viool

smuikas

pauk

timpanas

trommel

būgnai

keyboard

sintezatorius

bas

bosinė gitara

saxofoon

saksofonas

fluit

fleita

microfoon

mikrofonas

dierentuin
zoologijos sodas

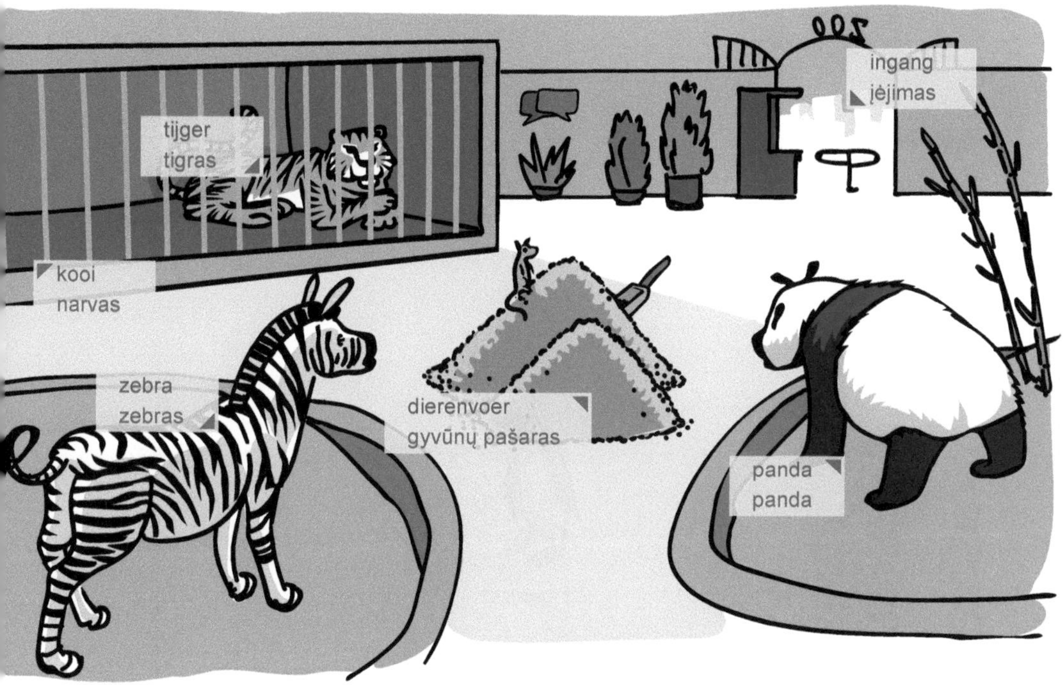
ingang
įėjimas
tijger
tigras
kooi
narvas
zebra
zebras
dierenvoer
gyvūnų pašaras
panda
panda

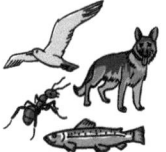

dieren

gyvūnai

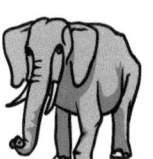

olifant

dramblys

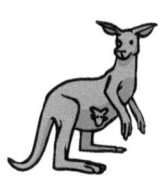

kangoeroe

kengūra

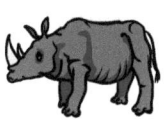

neushoorn

raganosis

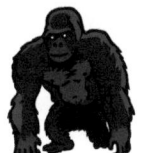

gorilla

gorila

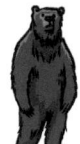

beer

meška

kameel

kupranugaris

struisvogel

strutis

leeuw

liūtas

aap

beždžionė

flamingo

flamingas

papegaai

papūga

ijsbeer

baltoji meška

pinguïn

pingvinas

haai

ryklys

pauw

povas

slang

gyvatė

krokodil

krokodilas

dierenverzorger

zoologijos sodo prižiūrėtojas

zeehond

ruonis

jaguar

jaguaras

pony

ponis

luipaard

leopardas

nijlpaard

begemotas

giraffe

žirafa

adelaar

erelis

wild zwijn

šernas

vis

žuvis

schildpad

vėžlys

walrus

vėplys

vos

lapė

gazelle

gazelė

American football
amerikietiškas futbolas

wielrennen
dviračių sportas

tennis
tenisas

basketbal
krepšinis

zwemmen
plaukimas

boksen
boksas

ijshockey
ledo ritulys

voetbal
futbolas

badminton
badmintonas

atletiek
atletika

handbal
rankinis

skiën
slidinėjimas

polo
polas

springen
šokinėti

lachen
juoktis

knuffelen
apkabinti

lopen
vaikščioti

zingen
dainuoti

dromen
svajoti

bidden
melstis

kussen
bučiuoti

schrijven
rašyti

tekenen
piešti

tonen
rodyti

duwen
stumti

geven
duoti

oppakken
imti

hebben

turėti

doen

daryti

zijn

būti

staan

stovėti

rennen

bėgti

trekken

traukti

gooien

mesti

vallen

kristi

liggen

meluoti

wachten

laukti

dragen

nešti

zitten

sėdėti

aankleden

rengtis

slapen

miegoti

wakker worden

pabusti

bekijken

žiūrėti

huilen

verkti

strelen

glostyti

kammen

šukuoti

praten

kalbėti

begrijpen

suprasti

vragen

paklausti

horen

klausytis

drinken

gerti

eten

valgyti

opruimen

tvarkytis

houden van

mylėti

koken

gaminti

rijden

vairuoti

vliegen

skristi

zeilen
buriuoti

rekenen
skaičiuoti

lezen
skaityti

leren
mokytis

werken
dirbti

trouwen
vesti

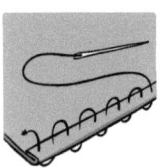

naaien
siūti

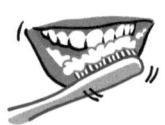

tandenpoetsen
valytis dantis

doden
žudyti

roken
rūkyti

verzenden
siųsti

familie
šeima

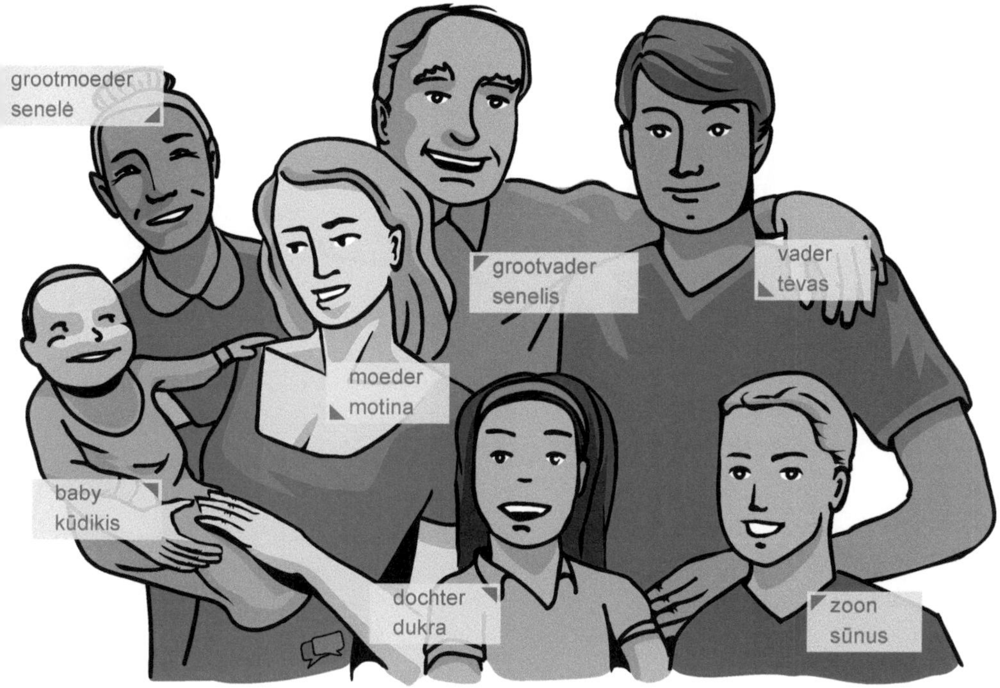
grootmoeder
senelė
grootvader
senelis
vader
tėvas
moeder
motina
baby
kūdikis
dochter
dukra
zoon
sūnus

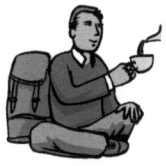

gast

svečias

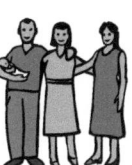

tante

teta

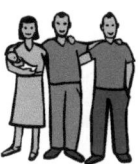

oom

dėdė

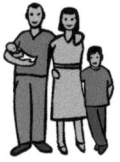

broer

brolis

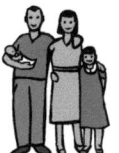

zus

sesuo

lichaam
kūnas

voorhoofd
kakta
oog
akis
schouder
petys
vinger
pirštas
gezicht
veidas
kin
smakras
hand
plaštaka
been
koja
borst
krūtinė
arm
ranka

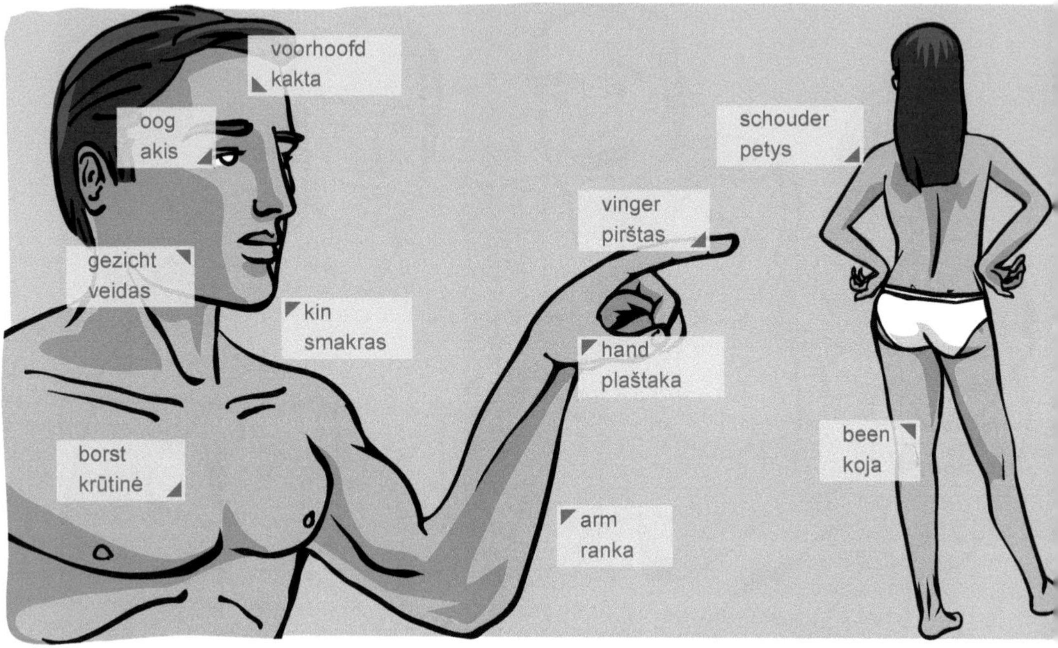

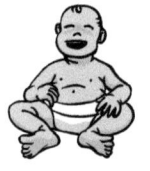

baby
kūdikis

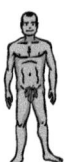

man
vyras

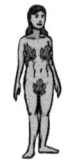

vrouw
moteris

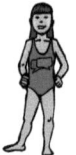

meisje
mergaitė

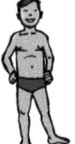

jongen
berniukas

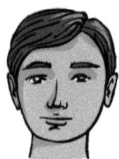

hoofd
galva

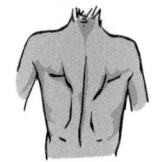

rug
nugara

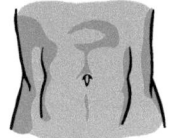

buik
pilvas

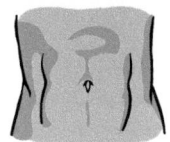

navel
bamba

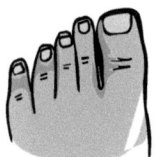

teen
kojos pirštas

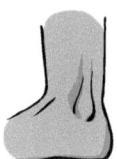

hiel
kulnas

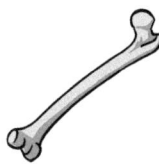

bot
kaulas

heup
klubas

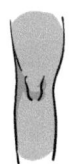

knie
kelis

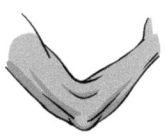

elleboog
alkūnė

neus
nosis

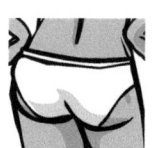

achterwerk
sėdmenys

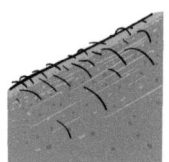

huid
oda

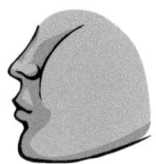

wang
skruostas

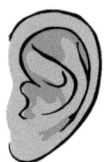

oor
ausis

lippen
lūpa

mond

burna

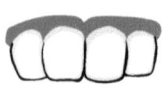

tand

dantis

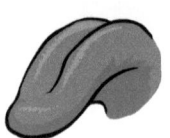

tong

liežuvis

hersenen

smegenys

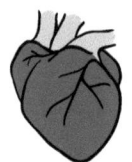

hart

širdis

spier

raumuo

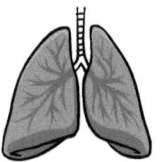

long

plaučiai

lever

kepenys

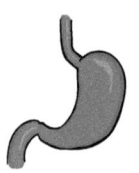

maag

skrandis

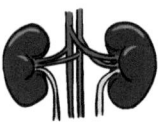

nieren

inkstai

geslachtsgemeenschap

seksas

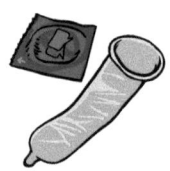

condoom

prezervatyvas

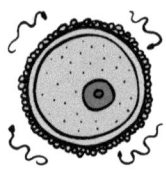

eicel

kiaušialąstė

sperma

sperma

zwangerschap

nėštumas

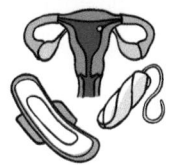

menstruatie

menstruacijos

vagina

makštis

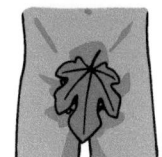

penis

varpa

wenkbrauw

antakis

haar

plaukai

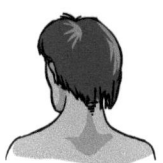

hals

kaklas

ziekenhuis
ligoninė

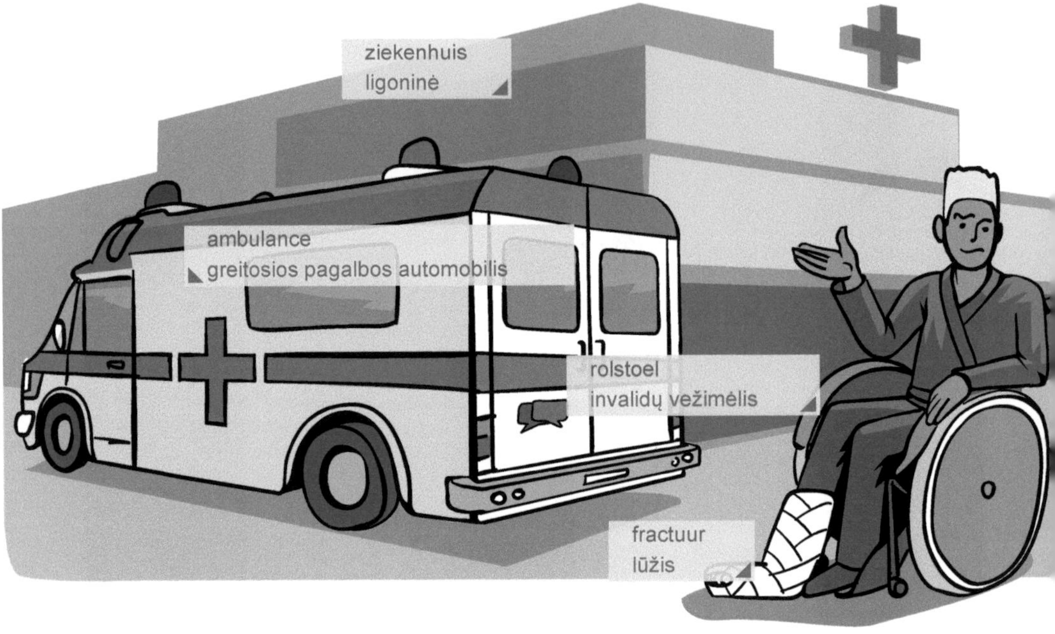

ziekenhuis
ligoninė
ambulance
greitosios pagalbos automobilis
rolstoel
invalidų vežimėlis
fractuur
lūžis

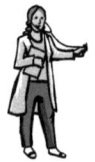

dokter
gydytojas

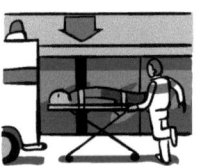

EHBO
skubios pagalbos skyrius

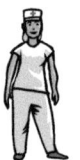

verpleegster
slaugytoja

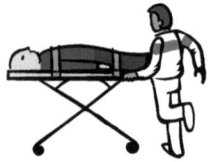

noodgeval
nelaimingas atsitikimas

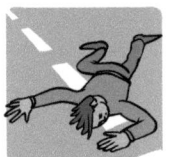

bewusteloos
be sąmonės

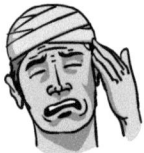

pijn
skausmas

verwonding

sužalojimas

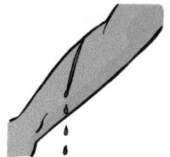

bloeding

kraujavimas

hartaanval

širdies smūgis

beroerte

insultas

allergie

alergija

hoest

kosulys

koorts

karščiavimas

griep

gripas

diarree

viduriavimas

hoofdpijn

galvos skausmas

kanker

vėžys

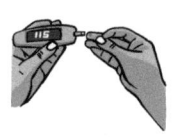

diabetes

diabetas

chirurg

chirurgas

scalpel

skalpelis

operatie

operacija

CT

KT

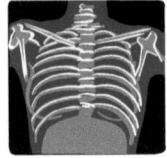

röntgen

rentgenas

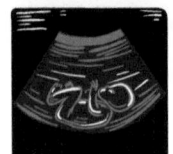

echografie

ultragarsas

gezichtsmasker

veido kaukė

ziekte

liga

wachtkamer

laukiamasis

kruk

ramentas

pleister

gipsas

verband

tvarstis

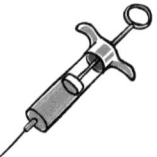

injectie

injekcija

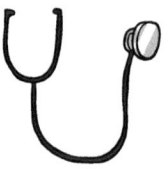

stethoscoop

stetoskopas

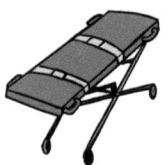

brancard

neštuvai

thermometer

termometras

geboorte

gimimas

overgewicht

antsvoris

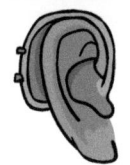

gehoorapparaat

klausos aparatas

ontsmettingsmiddel

dezinfekavimo priemonė

infectie

infekcija

virus

virusas

HIV / AIDS

ŽIV / AIDS

medicijn

vaistas

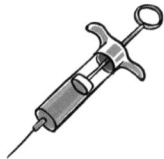

inenting

skiepijimas

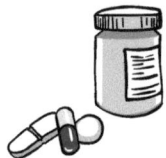

tabletten

tabletės

pil

piliulė

alarmnummer

kubios pagalbos numeris

bloeddrukmeter

kraujospūdžio matuoklis

ziek / gezond

ligotas / sveikas

Help!

Padėkite!

alarm

pavojaus signalas

overval

užpuolimas

aanval

ataka

gevaar

pavojus

nooduitgang

avarinis išėjimas

Brand!

Gaisras!

brandblusser

gesintuvas

ongeluk

nelaimingas atsitikimas

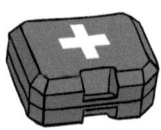

EHBO-koffer

pirmosios pagalbos rinkinys

SOS

SOS

politie

policija

Europa

Europa

Noord-Amerika

Šiaurės Amerika

Zuid-Amerika

Pietų Amerika

Afrika

Afrika

Azië

Azija

Australië

Australija

Atlantische Oceaan

Atlanto vandenynas

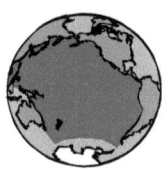

Stille Oceaan

Ramusis vandenynas

Indische Oceaan

Indijos vandenynas

Zuidelijke Oceaan

Pietų vandenynas

Noordelijke IJszee

Arkties vandenynas

Noordpool

Šiaurės ašigalis

Zuidpool

Pietų ašigalis

Antarctica

Antarktida

aarde

Žemė

land

sausuma

zee

jūra

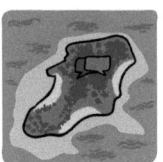

eiland

sala

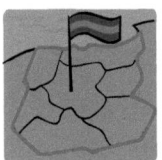

natie

tauta

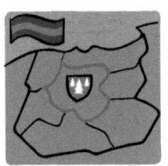

staat

valstybė

wijzerplaat
ciferblatas

uurwijzer
valandinė rodyklė

minutenwijzer
minutinė rodyklė

secondewijzer
sekundinė rodyklė

Hoe laat is het?
Kiek valandų?

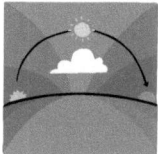

dag
diena

tijd
laikas

nu
dabar

digitaal horloge
skaitmeninis laikrodis

minuut
minutė

uur
valanda

week

savaitė

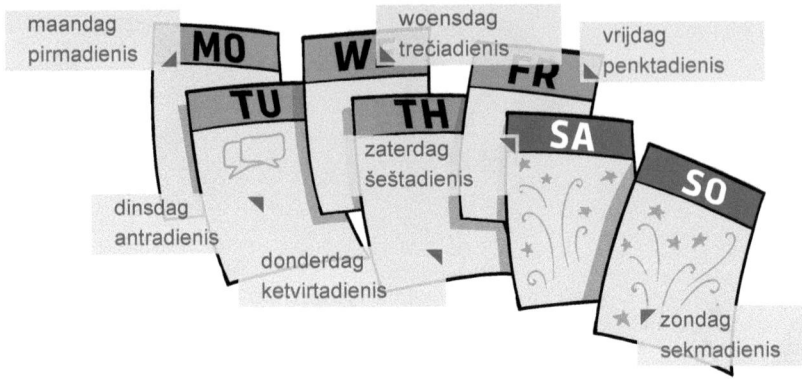

maandag
pirmadienis

woensdag
trečiadienis

vrijdag
penktadienis

dinsdag
antradienis

zaterdag
šeštadienis

donderdag
ketvirtadienis

zondag
sekmadienis

gisteren

vakar

vandaag

šiandien

morgen

rytoj

ochtend

rytas

middag

vidurdienis

avond

vakaras

werkdagen

darbo dienos

weekend

savaitgalis

jaar
metai

regen
lietus
regenboog
vaivorykštė
wind
vėjas
sneeuw
sniegas
voorjaar
pavasaris
zomer
vasara
herfst
ruduo
winter
žiema

4.APRIL 11°
5.APRIL 4°
6.APRIL 13°
7.APRIL 8°
8.APRIL 10°

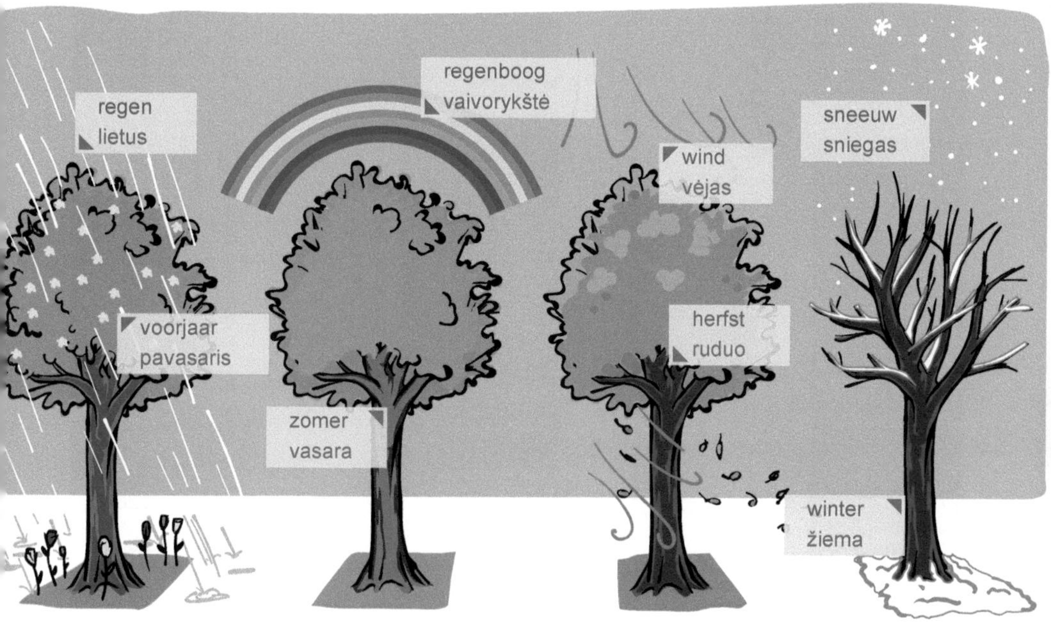

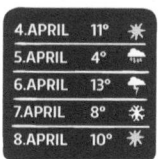

weerbericht

orų prognozė

F C
120 90 60 30 0 -30
40 30 20 10 0 -10 -20

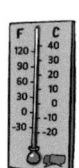

thermometer

lauko termometras

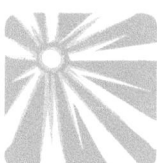

zonneschijn

saulės šviesa

wolk

debesis

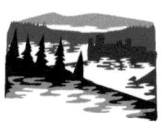

mist

rūkas

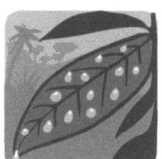

luchtvochtigheid

drėgmė

bliksem

žaibas

donder

griaustinis

storm

audra

hagel

kruša

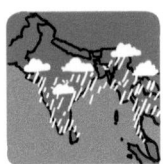

moesson

musonas

overstroming

potvynis

ijs

ledas

januari

sausis

februari

vasaris

maart

kovas

april

balandis

mei

gegužė

juni

birželis

juli

liepa

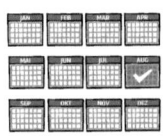

augustus

rugpjūtis

jaar - metai

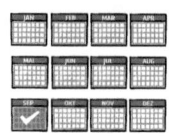

september
....
rugsėjis

oktober
....
spalis

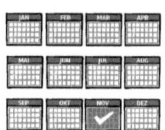

november
....
lapkritis

december
....
gruodis

vormen
formos

cirkel
....
apskritimas

vierkant
....
kvadratas

rechthoek
....
stačiakampis

driehoek
....
trikampis

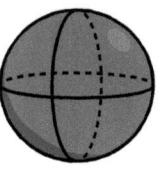

bol
....
sfera

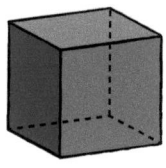

kubus
....
kubas

wit

balta

geel

geltona

oranje

oranžinė

roze

rožinė

rood

raudona

paars

violetinė

blauw

mėlyna

groen

žalia

bruin

ruda

grijs

pilka

zwart

juoda

veel / weinig

daug / mažai

boos / rustig

piktas / ramus

mooi / lelijk

gražus / bjaurus

begin / einde

pradžia / pabaiga

groot / klein

didelis / mažas

licht / donker

šviesus / tamsus

broer / zus

brolis / sesuo

schoon / vies

švarus / purvinas

volledig / onvolledig

užbaigtas / neužbaigtas

dag/ nacht

diena / naktis

dood / levend

miręs / gyvas

breed / smal

platus / siauras

eetbaar / oneetbaar

valgomas / nevalgomas

gemeen / aardig

piktas / malonus

opgewonden / verveeld

linksmas / nuobodus

dik / dun

storas / plonas

eerste / laatste

pirmiausia / paskiausia

vriend / vijand

draugas / priešas

vol / leeg

pilnas / tuščias

hard / zacht

kietas / minkštas

zwaar / licht

sunkus / lengvas

honger / dorst

alkis / troškulys

ziek / gezond

ligotas / sveikas

illegaal / legaal

nelegalus / legalus

intelligent / dom

protingas / kvailas

links / rechts

kairė / dešinė

dichtbij / ver

arti / toli

nieuw / gebruikt

naujas / naudotas

niets / iets

niekas / kažkas

oud / jong

senas / jaunas

aan / uit

jjungta / išjungta

open / gesloten

atidaryta / uždaryta

zacht / luid

tylus / garsus

rijk / arm

turtingas / vargšas

goed / fout

teisus / neteisus

ruw / glad

šiurkštus / švelnus

verdrietig / gelukkig

liūdnas / laimingas

kort / lang

trumpas / ilgas

langzaam / snel

létas / greitas

nat / droog

drėgnas / sausas

warm / koel

šiltas / šaltas

oorlog / vrede

karas / taika

0

nul

nulis

1

één

vienas

2

twee

du

3

drie

trys

4

vier

keturi

5

vijf

penki

6

zes

šeši

7

zeven

septyni

8

acht

aštuoni

9

negen

devyni

10

tien

dešimt

11

elf

vienuolika

12
twaalf
dvylika

13
dertien
trylika

14
veertien
keturiolika

15
vijftien
penkiolika

16
zestien
šešiolika

17
zeventien
septyniolika

18
achttien
aštuoniolika

19
negentien
devyniolika

20
twintig
dvidešimt

100
honderd
šimtas

1.000
duizend
tūkstantis

1.000.000
miljoen
milijonas

Engels

anglų

Amerikaans Engels

amerikiečių anglų

Chinees Mandarijn

kinų (mandarinų)

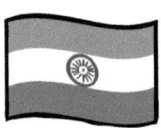

Hindi

hindi

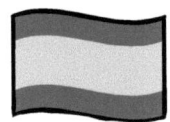

Spaans

ispanų

Frans

prancūzų

Arabisch

arabų

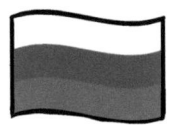

Russisch

rusų

Portugees

portugalų

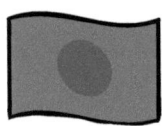

Bengalees

bengalų

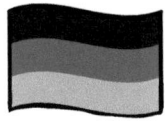

Duits

vokiečių

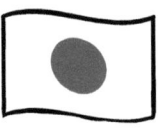

Japans

japonų

ik

aš

jij

tu

hij / zij / het

jis / ji

wij

mes

jullie

jūs

zij

jie

wie?

kas?

wat?

ką?

hoe?

kaip?

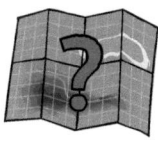

waar?

kur?

wanneer?

kada?

naam

vardas

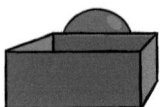

achter

už

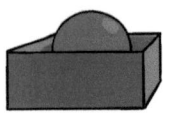

in

kur (vieta)

voor

priešais

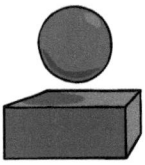

boven

virš

op

ant

onder

po

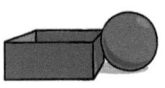

naast

prie

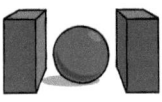

tussen

tarp

plaats

vieta